셉티머스에게,

여기는 백련산이야

김보라

붉은사슴

그러나 그들이 손짓했다. 잎사귀들은 살아 있었고,
나무들도 살아 있었다. 잎사귀들은 벤치에 앉아 있는 그의
몸과 수백만 가닥의 섬유로 이어져 위아래로 그를 부채질했다.
가지가 쭉 뻗을 때면 그도 그렇게 했다. 참새들은 파닥거리며
솟구쳤다가 불규칙하게 터지는 분수처럼 오르내렸다.
그것은 하나의 패턴의 일부였다. 흰색, 파란색 사이에 검은
가지들이 줄무늬를 이루고 있었다. 소리들은 예정된 조화처럼
어우러졌고 그 소리들 사이의 공백 또한 소리만큼이나
의미심장했다. 한 아이가 울었다. 그때 멀리서 경적 소리가
들려왔다. 이 모든 것들이 한데 합쳐져 …

― 버지니아 울프, 『댈러웨이 부인』 중 셉티머스*의 의식

*셉티머스(Septimus W. S.): 소설 『댈러웨이 부인』(1925)에 등장하는 시인이다.

셉티머스에게,
여기는 백련산이야.

오늘 아침은 혼자 뒷산을 산책하기로 결심했어.

2025년 5월 초, 8시,
산의 서쪽 초입에는 아직 하늘에 태양이 보이지 않아.
올라야 할 작은 언덕 뒤에 있을 태양을 상상하면
이 언덕의 두께를 가늠하게 돼.
큰 갈색 낙엽 땅, 얼마 전 벚꽃에 눈이 내릴 때까지
이 큰 언덕들은 오랫동안 회갈색이었어.
지금은 누군가 언덕 아래 놓고 간 바지가
연두 잎에 묻혀가고 있어.

푸른 연두, 노란 연두, 탁함이 하나 없는 연두,
화이트와 블랙이 한 방울도 섞이지 않은 연두.
매해 봄에 이 연두색에게 빚지고 있어.
오늘은 적당한 바람이 부는 날씨야.

지금부터 초록색 물로 들어갈 거야.

연한 연두색 나뭇잎들의 파도가
머리카락 사이사이를 통과해 지나가.
한 걸음씩 물속으로 들어갈 때
세포가 하나씩 잠에서 깨어나.
먹먹했던 후두골의 실이 풀려가지.

그래도 아직 뒤따라 오는
어제의 일, 오늘의 일 속을 맴돌며
땅에 시선을 두고 걸으면,
묵직하고 듬직한 굵은 나무 기둥 아래에
올봄에 태어난 연약한 가지와 잎들이 보여.
다정하게 붙어있는 그들이 인사를 건네와
생각은 잊어버리지.

둥글게 길을 따라 작은 언덕을 지나가면
수평으로 가는 길과 내려가는 길이 있어.

내려가는 길은 사람이 잘 가지 않는
산의 북쪽이어서인지 쓰러진 나무가 종종 보여.
그들은 다른 나무에 기대어 있기도 하고
어떤 소나무는 공중에서 꺾여
무심히 거꾸로 매달려 있기도 해.
그들은 다른 나무 기둥들 보다
조금 더 검은색이야.
철쭉마저 가지런하게 피어있는
산 아래 공원 풍경보다는 반가울지도 몰라.

조금 더 아래로 길을 내려가자
검은 나무 기둥들을 잘라 쌓아 놓은 곳이
마치 제단처럼 있어.
빛이 잘 들어오지 않아 주변 나무들도 유달리 검어.
제단을 둘러싼 기둥들은
가지들을 머리카락처럼 헝클어
길게 내려뜨리고 있기도 해.

그 제단 맞은편엔
아무렇지 않게 아침 빛을 받고 있는
벤치가 두 개 있어.
아무도 앉지 않는 것처럼
둘이서 쉬고 있듯이 덩그러니,
다리는 낙엽에 살짝 묻혀 덩그러니.

벤치를 지나면 어수선한 풀들이 가득해.
어렸을 적에 놀러 갔던 외할머니 집 시골 뒷산이 떠올라.
특색이 없어서 그림으로 그릴 대상을
찾기 어려운 풍경처럼.
초점을 맞추기 어려운 무성한 풀더미처럼.
얼마 전에 이곳에 개나리가 피었을 때는
덤불 아래 고양이를 발견했어.

그때는 역광이 비치는 개나리꽃 옆에 서 있었어.
얼굴은 햇빛을 받아 노랗고 눈은 부시고
폐에 들어가는 공기가 부드러워.
시원하고 따뜻해 폐 안쪽이 간지러워.
작은 잎들이 곳곳에서 솟아 나와
점점이 둘러싸이고 있을 때,
덤불 아래 고양이 한 마리가 튀어나와
산 아래로 달려갔어.
이내 다른 고양이 한 마리가 내 옆을 지나쳐
사슴처럼 뒤따라 뛰어갔어.

평평한 길이 나왔어.
여기는 소나무들 공간이야.
키가 크고 곧은 소나무 수십 그루가 함께 서 있어.
갈색 기둥 사이로는,
그다음 공간에 무리를 이룬
다른 나무 연두 빛들이 은은해.

곧은 기둥들 안으로 들어서면 잊어버렸던 게 떠올라.
곧은 기둥들과 풀숲에 나란히 수직으로 서 있으면
그들과 함께 떠올라.
오래 기억하지 못할 기억들과 함께.

얼마 전 이 숲 가장자리에서 오래된 나무를 발견했어.
나무는 잎이 거의 없고 기둥엔 구멍이 있어.
가지들이 휘청휘청 힘없이 긴 시간을 버텨 얽혀있어.

소나무 숲을 지나 이제 다시 올라가는 길이야.
내가 가장 좋아하는 곳이야.
여기는 항상 공연의 하이라이트 같은 곳이야.

한 걸음,
한 걸음,
다가갈 때,
앞으로 나타날 장면을 알고 있어.

한 걸음에 한 묶음의 나뭇잎들이 내 어깨를 덮어.
두 묶음, 여섯 묶음, 어느새 수십 묶음이
내 사방을 감싸고 있어.

작은 나무와 큰 나무 두 셋이 동그랗게
커다란 돔을 만들고
성당처럼 높은 천장은 연두 금빛으로 빛나
그 높은 돔까지 내 피부막이 확장되었어.

그러다 어느새 바람이 불어 이제 무용 공연이 시작돼.
수만 개 잎들이 움직이기 시작해.
잎 달린 가지들이 둥근 공기에 부스스 떠올라,
발밑은 흔들리며 빛나는 그림자가 파도를 일으켜.
부드러운 바람을 입안에 같이 품으면
손끝 발끝에 노란 피가 흘러.
몸의 어딘가가 넓어져 있어.

들뜬 부스스한 마음을 가지고
나도 모르게 계속 걸어가다 작은 다리가 나와.
아마 물이 흘렀을 계곡인데 물을 본 적이 없어.

건너편 길이 없는 곳에 작은 동물용 철창이 있어.
그곳은 항상 비어있어.
그 옆에 쓰러진 분홍 꽃나무가 있어.
올봄에 보는 분홍 꽃나무는 이게 마지막 일텐데.

곧게 길을 걸어가면 산의 북쪽으로 들어오는
다른 초입 길이 나와.
얼마 전 이곳에 커다란 데크가 생겼어.
의자와 평상들, 테이블과 차양들.
땅에서 높게 설치된 데크 위 의자에 앉으면
긴 나무의 중간 높이에 내가 왔다는 걸 알게 돼.
올려다보니 여기는 단풍나무의 숲이야.

단풍나무 기둥은 유달리 근육처럼 살아있어.
짙고 단단한 나무 기둥들,
서로 다른 각도로 겹쳐진 갈색 줄기가
굳혀진 물처럼 흘러.
누워서 단풍나무 잎들의 움직임을 들여다봐.

한참을 쉬고 올라가는 길이야.
산을 오르고 싶진 않지만
기다리는 나무를 보러 조금 올라가.
정상으로 향하는 길 바로 아래
잘 보이지 않는 옆 길로 들어서.
이곳에 내가 올봄에 만나기를 바랐던
벚꽃 나무가 있어.

작년,
벚꽃 나무에 다가가니 다섯 갈색 기둥이
사선으로 교차하며 하늘을 향한 손가락처럼 뻗어 있었어.

갈색 뼈대를 따라 위를 바라보면 시야에 가득
연두 잎과 흰 꽃이 교차해,
하늘색 바탕으로 흩뿌려져 있어.
하늘로 펼쳐진 채도 높고 연한 점들,
머리로 한 점 한 점 쏟아져.

이 나무를 올해 3월부터 기다렸어.
이번 주에는 꽃이 피었을까,
4월 첫 주에 갔을 땐 산에 아직 벚꽃이 보이지 않았어.
4월 둘째 주에 갔을 땐 나무를 찾지 못했어.
이 나무가 있는 곳을 잊어버렸어.
4월 셋째 주에 갔을 땐 나무를 찾았는데
연두색 잎들만 가득 나오고 있었어.
벌써 벚꽃이 피었다가 진 걸까,
하지만 땅에는 떨어진 벚꽃잎이 하나도 보이지 않았어.

아쉬운 마음을 가지고 돌아가.
그래도 이 숨겨진 길은 어째서인지 아늑해.
평범한 산길, 별다르지 않은 풍경,
올라가는 길도, 내려가는 길도 아니야.
사람이 잘 오지 않아 나무들이 편하게 앉아있을까?
신발을 신었지만 발아래가 따뜻해.
단단하고 부드러운 땅이 내 발을 느리게 밀고 있어.

커다란 나무가 잎 사이로 등장했어.
이런 나무가 여기 있었구나.

가파른 길 아래에서 부스럭 동물 움직임 소리가 들려.
잠시 조용해졌다가 누군가 외쳤어.
큰 강아지인데 괜찮나요?

커다란 고동빛 털 물결이 초록 사이를 헤치고 올라와,
조심히 내 옆을 미끄러져 갔어.

단풍나무 터널이 있는 계단을 걸으면
단풍나무들이 내 머리에 닿을 듯 말 듯 팔을 내밀고 있어.
지난달엔 유달리 형광 연두의 이 산속에서
단풍나무 무리들만 올리브 색이었어.
팔 아래에서 고개를 올려다보니
잎 아래 숨어있던 작은 붉은 꽃다발을 발견했었어.

길을 내려가는데 불쑥,
어제 솟았던 가시가 뽑혀 떨어져 가.

길을 내려가는데 또 불쑥,
아카시아 향기가 한 묶음 찾아왔어.
맞아, 5월에는 이 향기가 있었어.

다시 산의 초입 길로 돌아왔어.
태양이 이제 언덕을 넘어와 있어.
산 서쪽으로 깊게 넘어온 아침 빛이
나무들을 뒤에서 가리키고 있어.

아침 빛은 좀 이상한 느낌이야.
어딘가와 누군가를 담고 있어.
빛 바로 뒤편에 고요히 담고 있어.
한동안 나도 같이 멈춰 있게 해.

셉티머스에게, 여기는 백련산이야

초판 1쇄 발행: 2025년 6월 12일

지은이: 김보라

발행처: 붉은사슴
등록: 제2025-000061호(2025년 3월 10일)
(04051) 서울특별시 마포구 신촌로2길 19,
마포출판문화진흥센터 3층 p32
이메일: deerstudio3@gmail.com
홈페이지: www.reddeerstudio.net

디자인: 붉은사슴
인쇄: 인타임플러스

ISBN 979-11-992875-0-1 (03800)
13,000원

이 책은 저작권법에 따라 보호받는 저작물이므로 무단 전재와 복제를 금합니다.
내용을 인용하거나 활용하고자 할 경우 반드시 저자와 출판사의 동의를 받아야 합니다.